VENTE

DE

TABLEAUX

PAR

L. LE GOAËSBE DE BELLÉE

Mᵉ CHARLES OUDART, COMMISSAIRE-PRISEUR

M. DURAND-RUEL, EXPERT

CATALOGUE

DE

46
TABLEAUX

PAR

L. LE GOAËSBE DE BELLÉE

DONT LA VENTE AURA LIEU

HOTEL DROUOT, SALLE N° 4

Le Lundi 16 Avril 1877

A DEUX HEURES 1/2

COMMISSAIRE-PRISEUR	EXPERT
M° CHARLES OUDART	M. DURAND-RUEL
31, rue Le Peletier	11, rue Le Peletier

EXPOSITION PUBLIQUE

LE DIMANCHE 15 AVRIL 1877, DE 1 HEURE 1/2 A 5 HEURES

Il y a quelque courage, il y a aussi quelque fierté à faire
ce que font maintenant presque tous nos jeunes paysagistes, à
se présenter, sans intermédiaire et sans protecteur, au public
des amateurs et à affronter les hasards des enchères avant
même d'avoir conquis ses grades officiels, sur la simple foi
d'une conviction ardente et d'un labeur consciencieux. C'est une
façon comme une autre de tirer honorablement parti de son
talent et d'adresser en même temps cette question redoutable à
des gens qui ne se gêneront pas pour y répondre avec une
brutale franchise : « Je veux savoir ce que je vaux. Dites-le
moi à vos frais. »

L'expérience n'est pas mauvaise, paraît-il, car nous voyons
presque régulièrement reparaître les mêmes noms sur les affiches
jaunes, tantôt isolés, tantôt formant des groupes fraternels.
M. de Bellée, un des nouveaux venus, a déjà fait hardiment,
tout seul, un appel de ce genre en 1875. L'encouragement
qu'il a reçu lui a permis de continuer ses explorations et ses

études sur les divers points de la France qu'il avait déjà choisis; il apporte aujourd'hui le résultat de ces deux années de travail, et nous pouvons suivre dans les trente ou quarante toiles qu'il nous présente les progrès incessants d'une originalité délicate, et toujours distinguée.

Je ne sais pas si M. de Bellée sera un jour capable d'exécuter de grands paysages puissamment composés, et vigoureusement brossés; la chose est possible, et nul ne pourrait limiter l'avenir d'un peintre si jeune et de si bon vouloir.

Mais, jusqu'à présent, c'est dans les ouvrages de taille petite ou médiocre qu'il réussit le plus sûrement et le mieux. Il possède une finesse de vue, une délicatesse d'observation, une légèreté de touche, qui s'accommodent volontiers d'un cadre restreint. Il est de ceux qui, avec un goût discret, ouvrent volontiers de vastes horizons dans une toile microscopique, au rebours de tant d'autres qui, d'un pan de muraille ou d'un tronc d'arbre, emplissent jusqu'aux bords leurs tableaux gigantesques.

Dans les différentes études qu'il a rapportées de l'Artois ou de la Bretagne, nulle prétention à faire plus gros que nature.

L'artiste a vu simplement, analysé finement, il peint simple et fin.

C'est là tout son mérite, mais c'en est un vrai. Pour qui aime naïvement les bois, les rivières, l'Océan, les petits panneaux de M. de Bellée ont souvent un charme exquis et pénétrant qu'on demanderait en vain à des ouvrages d'un savoir plus étendu et d'une exécution plus compliquée. Si la recherche du site étrange, de l'effet dramatique, de la facture voyante, y est absolument nulle, la découverte, en revanche, de la nuance exquise dans le naturel n'y est point du tout rare. Les coins les plus vulgaires du village qu'il habite ou de la forêt qu'il fréquente se révèlent tout à coup à lui, avec des tendresses et des douceurs de lumière qui les renouvellent à ses yeux d'abord et ensuite aux nôtres. La Rue à Saint-Léger-aux-Bois, les Bords de l'Aisne, l'Étang de Rethondes, la Clairière de la forêt de l'Aigue, sont assurément des sites comme on en rencontre par milliers, mais de ce qu'ils sont communs il ne s'ensuit pas qu'ils soient moins agréables, et M. de Bellée, en les peignant, a su précisément leur conserver ce charme insaisissable qui fait que les choses naturelles ne vieillissent jamais pour des yeux d'artiste et ne lassent jamais des imaginations saines.

A quoi tient ce charme? à une grande sincérité d'âme d'abord, ensuite, je le crois, à une vraie qualité d'exécution, à une qualité bien rare aujourd'hui parce qu'on la dédaigne, celle qui consiste à approprier la touche au sujet, la façon d'exprimer à la chose exprimée. M. de Bellée, qui aime toutes les décompositions légères de la lumière, toutes les transparences des bois, des terrains, des eaux, commet rarement la faute de traduire toutes ces légèretés par des lourdeurs, et toutes ces transparences par des opacités. Il n'abuse point de ces empâtements pesants qui font des clairs factices lorsque les tableaux sont neufs, et deviennent des noirs certains lorsque les tableaux vieillissent. Les ciels qu'il aime délicats, aérés, vaporeux; ses branchages qu'il adore effeuillés, emmêlés, frissonnants, ses floraisons qu'il n'admire qu'au printemps, à l'aube, dans leur première et virginale fraîcheur; ses vagues mourant sur le sable ou léchant les estacades, qu'il voit diaphanes, limpides, éclairées, tout se pose sur ses toiles avec une légèreté vive et franche, extrêmement sympathique et, pour ainsi dire, à vol de pinceau.

Quand le peintre jette dans ses paysages de petites figures, paysannes ou pêcheurs, il le fait d'ordinaire aussi avec la même finesse sans avoir l'air d'y toucher.

M. de Bellée, en un mot, prend le vrai chemin pour devenir un des meilleurs parmi ceux qu'on appelle les petits maîtres. Nous souhaitons de bon cœur que les encouragements qui l'ont accueilli en 1875 ne lui fassent pas défaut en 1877.

GEORGES LAFENESTRE.

(Extrait du journal l'Art.)

DÉSIGNATION

PAYSAGES

1. — Une Vue à Saint-Léger-aux-Bois.

H., 0m,17. L., 0m,22.

2. — L'Aisne.

H., 0m,25. L., 0m,33.

3. — Poste forestier.

H., 0m.20. L., 0m,26.

4. — Verger au printemps.

H., 0m,24. L., 0m,32.

5. — Pommiers en fleurs.

H.. 0m,20. L., 0m,12.

6. — Vallée de l'Oise; printemps.

H., 0m,20. L., 0m,30.

7. — Choisy-au-Bac.

H., 0m,20. L., 0m,30.

8. — L'Étang de Rethondes.

H., $0^m,20$. L., $0^m,26$.

9. — Clairière, forêt de l'Aigue.

H., $0^m,20$. L., $0^m,26$.

10. — La Ferme.

H., $0^m,30$. L., $0^m,26$.

11. — Une Avenue en forêt; givre.

H., $0^m,19$. L., $0^m,24$.

12. — Poiriers en fleurs.

H., $0^m,14$. L., $0^m,19$.

13. — Soleil couchant.

H., $0^m,20$. L., $0^m,26$.

14. — Le Village au printemps.

H., $0^m,20$. L., $0^m,26$.

15. — La Hutte du chanvreur.

H., $0^m,37$. L., $0^m,25$.

16. — Carrefour du Franc-Port; effet de neige.

H., $0^m,32$. L., $0^m,43$.

17. — L'Écorceuse.

H., $0^m,16$. L., $0^m,23$.

18. — La *Boutique* du pêcheur de l'Aisne.

H., $0^m,00$. L., $0^m,00$.

19. — Les Charbonniers.

H., 0^m,33. L., 0^m,41.

20. — Grande rue de Saint-Léger-aux-Bois.

H., 0^m,33. L., 0^m,41.

21. — Le Faiseur de lattes.

H., 0^m,64. L., 0^m,50.

22. — Chaumière sur la lisière d'une forêt.

Salon de 1875.

PAYSAGES MARITIMES

23. — Chênes verts à Noirmoutiers.

H., 0^m,64. L., 0^m,50.

24. — Plages des Bains au bois de La Chaise.

H., 0^m,20. L., 0^m,26.

25. — Le Fort Saint-Pierre.

H., 0^m,20. L., 0^m,30.

26. — Chênes verts et Pins Parasols.

H., 0^m,23. L., 0^m,31.

27. — Le Sablot à Noirmoutiers.

H., 0^m,23. L., 0^m,43.

28. — Lavoir au Portel; Pas-de-Calais.

H., 0^m,26. L., 0^m,40

29. — Équilhen à marée basse.

H., 0^m,24. L., 0^m,33.

30. — Les Pilers du Scornec; Belle-Ile-en-Mer.

H., 0^m,35. L., 0^m,27.

31. — Grève du cap Fréhel.

H., 0^m,20. L., 0^m,30.

MARINES

32. — Entrée du bateau d'Étaples; estacade de Boulogne.

H., 0^m,35. L., 0^m,22.

33. — Petit port de Loguivy à mer basse.

H., 0^m,20. L., 0^m,28.

34. — Étaples; départ des pêcheurs.

H., 0^m,20. L., 0^m,28.

35. — Lever de soleil en mer; barques bretonnes.

H., 0^m,39. L., 0^m,24.

36. — Barques d'Équilhen attendant la marée.

H., 0^m,20. L , 0^m,26.

37. — Bateaux boulonnais; temps calme.

H., 0^m,24. L., 0^m,32.

SUJETS DE CHASSE

38. — Harde de cerfs dans le givre.

H., 0^m,64. L. 0^m,50.

39. — Les Chevreuils sous bois.

H., 0^m,32. L., 0^m,43.

40. — L'Alerte au terrier.

H., 0^m,34. L., 0^m,26.

41. — Lapins.

H., 0^m,13. L., 0^m,17.

42. — Sortie du terrier.

H., 0^m,17. L., 0^m,20.

43. — Lièvre aux écoutes.

H., 0^m,16. L., 0^m,21.

44. — La Mare aux cerfs.

H., 0^m,64. L., 0^m,50.

45. — Le Cerf à l'eau.

H., 0^m,64. L., 0^m,50.

FLEURS

46. — Iris; peinture décorative.

PARIS. — Impr. J. CLAYE. — A. QUANTIN et Ce, rue Saint-Benoît. — [810]